Logbuch für die Gartenarbeit

Dieses Buch gehört zu:

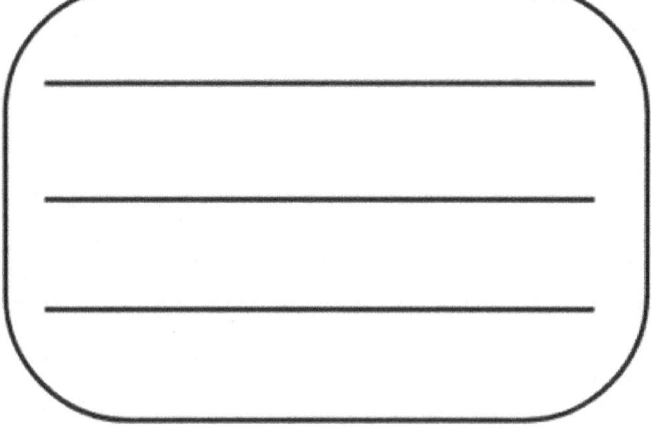

Ein Gartentagebuch ist sowohl für Anfänger als auch für erfahrene Gärtner eine gute Möglichkeit, die Ziele ihrer Gartenarbeit zu verfolgen.

Logbuch für die Gartenarbeit

Name	Standort
Anbieter	Preis

Wissenschaftliche Klasse

Gemüse	○	Obst
Herb	○	Blume
Strauch	○	Baum
Jährlich	○	Zweijährlich
Staude	○	Sämling

Datum | Lichtstärke

Datum	Lichtstärke
Gekeimt	Sonne
Bepflanzt	Teilweise Sonne
Geerntet	Schatten
	Andere

Gestartet von | Bewertung

Gestartet von	Bewertung	
Samen	Größe	○○○○○
Pflanze	Farbe	○○○○○
	Geschmack	○○○○○

Düngemittel und Ausrüstung

_____
_____
_____
_____
_____

Wasserbedarf

0% weniger [_____]

Pflegehinweise

_____
_____
_____
_____
_____

Pflanzanleitung

_____
_____
_____
_____
_____

Zusätzliche Hinweise

_____
_____
_____
_____
_____
_____
_____

Logbuch für die Gartenarbeit

Name	Standort
Anbieter	Preis

Wissenschaftliche Klasse

Gemüse	○	Obst
Herb	○	Blume
Strauch	○	Baum
Jährlich	○	Zweijährlich
Staude	○	Sämling

Datum

- Gekeimt
- Bepflanzt
- Geerntet

Lichtstärke

- Sonne
- Teilweise Sonne
- Schatten
- Andere

Gestartet von

- Samen
- Pflanze

Bewertung

Größe	○○○○○
Farbe	○○○○○
Geschmack	○○○○○

Düngemittel und Ausrüstung

_____
_____
_____
_____
_____

Wasserbedarf

0% weniger [_____]

Pflegehinweise

_____
_____
_____
_____

Pflanzanleitung

_____
_____
_____
_____

Zusätzliche Hinweise

_____
_____
_____
_____
_____
_____

Logbuch für die Gartenarbeit

Name	Standort

Anbieter	Preis

Wissenschaftliche Klasse

Gemüse	○	Obst
Herb	○	Blume
Strauch	○	Baum
Jährlich	○	Zweijährlich
Staude	○	Sämling

Datum

Gekeimt

Bepflanzt

Geerntet

Lichtstärke

Sonne

Teilweise Sonne

Schatten

Andere

Gestartet von

Samen

Pflanze

Bewertung

Größe ○○○○○

Farbe ○○○○○

Geschmack ○○○○○

Düngemittel und Ausrüstung

_____

_____

_____

_____

_____

Wasserbedarf

0% weniger ☐

Pflegehinweise

_____

_____

_____

_____

Pflanzanleitung

_____

_____

_____

_____

Zusätzliche Hinweise

_____

_____

_____

_____

_____

_____

Logbuch für die Gartenarbeit

Name	Standort

Anbieter	Preis

Wissenschaftliche Klasse

Gemüse	○	Obst
Herb	○	Blume
Strauch	○	Baum
Jährlich	○	Zweijährlich
Staude	○	Sämling

Datum

Gekeimt

Bepflanzt

Geerntet

Lichtstärke

Sonne

Teilweise Sonne

Schatten

Andere

Gestartet von

Samen

Pflanze

Bewertung

Größe   ○○○○○

Farbe   ○○○○○

Geschmack   ○○○○○

Düngemittel und Ausrüstung

_____

_____

_____

_____

_____

Wasserbedarf

0% weniger

Pflegehinweise

_____

_____

_____

_____

Pflanzanleitung

_____

_____

_____

_____

Zusätzliche Hinweise

_____

_____

_____

_____

_____

_____

Logbuch für die Gartenarbeit

Name	Standort
Anbieter	Preis

Wissenschaftliche Klasse

Gemüse	○	Obst
Herb	○	Blume
Strauch	○	Baum
Jährlich	○	Zweijährlich
Staude	○	Sämling

Datum

- Gekeimt
- Bepflanzt
- Geerntet

Lichtstärke

- Sonne
- Teilweise Sonne
- Schatten
- Andere

Gestartet von

- Samen
- Pflanze

Bewertung

- Größe ○○○○○
- Farbe ○○○○○
- Geschmack ○○○○○

Düngemittel und Ausrüstung

_____

_____

_____

_____

_____

Wasserbedarf

0% weniger [_____]

Pflegehinweise

_____

_____

_____

_____

Pflanzanleitung

_____

_____

_____

_____

Zusätzliche Hinweise

_____

_____

_____

_____

_____

_____

Logbuch für die Gartenarbeit

Name	Standort

Anbieter	Preis

Wissenschaftliche Klasse

Gemüse	○	Obst	
Herb	○	Blume	
Strauch	○	Baum	
Jährlich	○	Zweijährlich	
Staude	○	Sämling	

Datum   Lichtstärke

Gekeimt	Sonne
Bepflanzt	Teilweise Sonne
Geerntet	Schatten
	Andere

Gestartet von   Bewertung

Samen	Größe ○○○○○
Pflanze	Farbe ○○○○○
	Geschmack ○○○○○

Düngemittel und Ausrüstung

_____

_____

_____

_____

_____

Wasserbedarf

0% weniger

Pflegehinweise

_____

_____

_____

_____

Pflanzanleitung

_____

_____

_____

_____

Zusätzliche Hinweise

_____

_____

_____

_____

_____

_____

_____

Logbuch für die Gartenarbeit

Name	Standort

Anbieter	Preis

Wissenschaftliche Klasse

Gemüse	○	Obst
Herb	○	Blume
Strauch	○	Baum
Jährlich	○	Zweijährlich
Staude	○	Sämling

Datum

Gekeimt

Bepflanzt

Geerntet

Lichtstärke

Sonne

Teilweise Sonne

Schatten

Andere

Gestartet von

Samen

Pflanze

Bewertung

Größe   ○○○○○

Farbe   ○○○○○

Geschmack ○○○○○

Düngemittel und Ausrüstung

_____
_____
_____
_____
_____

Wasserbedarf

0% weniger ▭

Pflegehinweise

_____
_____
_____
_____
_____

Pflanzanleitung

_____
_____
_____
_____

Zusätzliche Hinweise

_____
_____
_____
_____
_____
_____

Logbuch für die Gartenarbeit

Name	Standort
Anbieter	Preis

Wissenschaftliche Klasse

Gemüse	○	Obst
Herb	○	Blume
Strauch	○	Baum
Jährlich	○	Zweijährlich
Staude	○	Sämling

Datum	Lichtstärke
Gekeimt	Sonne
Bepflanzt	Teilweise Sonne
Geerntet	Schatten
	Andere

Gestartet von	Bewertung
Samen	Größe ○○○○○
Pflanze	Farbe ○○○○○
	Geschmack ○○○○○

Düngemittel und Ausrüstung

_____

_____

_____

_____

_____

Wasserbedarf

0%
weniger ☐

Pflegehinweise

_____

_____

_____

_____

Pflanzanleitung

_____

_____

_____

_____

Zusätzliche Hinweise

_____

_____

_____

_____

_____

_____

Logbuch für die Gartenarbeit

Name		Standort	
Anbieter		**Preis**	

Wissenschaftliche Klasse

Gemüse	○	Obst	
Herb	○	Blume	
Strauch	○	Baum	
Jährlich	○	Zweijährlich	
Staude	○	Sämling	

Datum

- Gekeimt
- Bepflanzt
- Geerntet

Lichtstärke

- Sonne
- Teilweise Sonne
- Schatten
- Andere

Gestartet von

- Samen
- Pflanze

Bewertung

Größe	○○○○○
Farbe	○○○○○
Geschmack	○○○○○

Düngemittel und Ausrüstung

_____

_____

_____

_____

_____

Wasserbedarf

0%
weniger

Pflegehinweise

_____

_____

_____

_____

Pflanzanleitung

_____

_____

_____

_____

Zusätzliche Hinweise

_____

_____

_____

_____

_____

_____

Logbuch für die Gartenarbeit

Name	Standort

Anbieter	Preis

Wissenschaftliche Klasse

Gemüse	○	Obst
Herb	○	Blume
Strauch	○	Baum
Jährlich	○	Zweijährlich
Staude	○	Sämling

Datum

Gekeimt

Bepflanzt

Geerntet

Lichtstärke

Sonne

Teilweise Sonne

Schatten

Andere

Gestartet von

Samen

Pflanze

Bewertung

Größe ○○○○○

Farbe ○○○○○

Geschmack ○○○○○

Düngemittel und Ausrüstung

_____
_____
_____
_____
_____

Wasserbedarf

0% weniger

Pflegehinweise

_____
_____
_____
_____
_____

Pflanzanleitung

_____
_____
_____
_____
_____

Zusätzliche Hinweise

_____
_____
_____
_____
_____
_____
_____

Logbuch für die Gartenarbeit

Name	Standort

Anbieter	Preis

Wissenschaftliche Klasse

Gemüse ○	Obst
Herb ○	Blume
Strauch ○	Baum
Jährlich ○	Zweijährlich
Staude ○	Sämling

Datum	Lichtstärke
Gekeimt	Sonne
Bepflanzt	Teilweise Sonne
	Schatten
Geerntet	Andere

Gestartet von	Bewertung
Samen	Größe ○○○○○
Pflanze	Farbe ○○○○○
	Geschmack ○○○○○

Düngemittel und Ausrüstung

_____
_____
_____
_____
_____

Wasserbedarf

0% weniger ▭

Pflegehinweise

_____
_____
_____
_____

Pflanzanleitung

_____
_____
_____
_____

Zusätzliche Hinweise

_____
_____
_____
_____
_____
_____

Logbuch für die Gartenarbeit

Name	Standort

Anbieter	Preis

Wissenschaftliche Klasse

Gemüse	○	Obst
Herb	○	Blume
Strauch	○	Baum
Jährlich	○	Zweijährlich
Staude	○	Sämling

Datum

- Gekeimt
- Bepflanzt
- Geerntet

Lichtstärke

- Sonne
- Teilweise Sonne
- Schatten
- Andere

Gestartet von

- Samen
- Pflanze

Bewertung

Größe	○○○○○
Farbe	○○○○○
Geschmack	○○○○○

Düngemittel und Ausrüstung

_____

_____

_____

_____

_____

Wasserbedarf

0% weniger

Pflegehinweise

_____

_____

_____

_____

_____

Pflanzanleitung

_____

_____

_____

_____

_____

Zusätzliche Hinweise

_____

_____

_____

_____

_____

_____

Logbuch für die Gartenarbeit

Name	Standort
Anbieter	Preis

Wissenschaftliche Klasse

Gemüse	○	Obst
Herb	○	Blume
Strauch	○	Baum
Jährlich	○	Zweijährlich
Staude	○	Sämling

Datum

- Gekeimt
- Bepflanzt
- Geerntet

Lichtstärke

- Sonne
- Teilweise Sonne
- Schatten
- Andere

Gestartet von

- Samen
- Pflanze

Bewertung

- Größe ○○○○○
- Farbe ○○○○○
- Geschmack ○○○○○

Düngemittel und Ausrüstung

_____
_____
_____
_____
_____

Wasserbedarf

0% weniger

Pflegehinweise

_____
_____
_____
_____

Pflanzanleitung

_____
_____
_____
_____

Zusätzliche Hinweise

_____
_____
_____
_____
_____
_____

Logbuch für die Gartenarbeit

Name		Standort	
Anbieter		**Preis**	

Wissenschaftliche Klasse

Gemüse	○	Obst	
Herb	○	Blume	
Strauch	○	Baum	
Jährlich	○	Zweijährlich	
Staude	○	Sämling	

Datum

- Gekeimt
- Bepflanzt
- Geerntet

Lichtstärke

- Sonne
- Teilweise Sonne
- Schatten
- Andere

Gestartet von

- Samen
- Pflanze

Bewertung

- Größe   ○○○○○
- Farbe   ○○○○○
- Geschmack ○○○○○

Düngemittel und Ausrüstung

_____

_____

_____

_____

_____

Wasserbedarf

0% weniger

Pflegehinweise

_____

_____

_____

_____

Pflanzanleitung

_____

_____

_____

_____

Zusätzliche Hinweise

_____

_____

_____

_____

_____

_____

Logbuch für die Gartenarbeit

Name	Standort
Anbieter	Preis

Wissenschaftliche Klasse

Gemüse	○	Obst	
Herb	○	Blume	
Strauch	○	Baum	
Jährlich	○	Zweijährlich	
Staude	○	Sämling	

Datum

- Gekeimt
- Bepflanzt
- Geerntet

Lichtstärke

- Sonne
- Teilweise Sonne
- Schatten
- Andere

Gestartet von

- Samen
- Pflanze

Bewertung

- Größe ○○○○○
- Farbe ○○○○○
- Geschmack ○○○○○

Düngemittel und Ausrüstung

_____

_____

_____

_____

_____

Wasserbedarf

0%
weniger

Pflegehinweise

_____

_____

_____

_____

Pflanzanleitung

_____

_____

_____

_____

Zusätzliche Hinweise

_____

_____

_____

_____

_____

_____

Logbuch für die Gartenarbeit

Name	Standort

Anbieter	Preis

Wissenschaftliche Klasse

Gemüse	○	Obst
Herb	○	Blume
Strauch	○	Baum
Jährlich	○	Zweijährlich
Staude	○	Sämling

Datum	Lichtstärke
Gekeimt	Sonne
Bepflanzt	Teilweise Sonne
Geerntet	Schatten
	Andere

Gestartet von	Bewertung
Samen	Größe ○○○○○
Pflanze	Farbe ○○○○○
	Geschmack ○○○○○

Düngemittel und Ausrüstung

_____

_____

_____

_____

_____

Wasserbedarf

0% weniger ▭

Pflegehinweise

_____

_____

_____

_____

Pflanzanleitung

_____

_____

_____

_____

Zusätzliche Hinweise

_____

_____

_____

_____

_____

_____

Logbuch für die Gartenarbeit

Name	Standort
Anbieter	Preis

Wissenschaftliche Klasse

Gemüse	○	Obst
Herb	○	Blume
Strauch	○	Baum
Jährlich	○	Zweijährlich
Staude	○	Sämling

Datum

- Gekeimt
- Bepflanzt
- Geerntet

Lichtstärke

- Sonne
- Teilweise Sonne
- Schatten
- Andere

Gestartet von

- Samen
- Pflanze

Bewertung

Größe	○○○○○
Farbe	○○○○○
Geschmack	○○○○○

Düngemittel und Ausrüstung

_____
_____
_____
_____
_____

Wasserbedarf

0% weniger

Pflegehinweise

_____
_____
_____
_____

Pflanzanleitung

_____
_____
_____
_____

Zusätzliche Hinweise

_____
_____
_____
_____
_____
_____

Logbuch für die Gartenarbeit

Name	Standort

Anbieter	Preis

Wissenschaftliche Klasse

Gemüse	○	Obst
Herb	○	Blume
Strauch	○	Baum
Jährlich	○	Zweijährlich
Staude	○	Sämling

Datum	Lichtstärke
Gekeimt	Sonne
Bepflanzt	Teilweise Sonne
	Schatten
Geerntet	Andere

Gestartet von	Bewertung	
Samen	Größe	○○○○○
Pflanze	Farbe	○○○○○
	Geschmack	○○○○○

Düngemittel und Ausrüstung

_____

_____

_____

_____

_____

Wasserbedarf

0%
weniger

Pflegehinweise

_____

_____

_____

_____

Pflanzanleitung

_____

_____

_____

_____

Zusätzliche Hinweise

_____

_____

_____

_____

_____

_____

Logbuch für die Gartenarbeit

Name	Standort
Anbieter	Preis

Wissenschaftliche Klasse

Gemüse	○	Obst
Herb	○	Blume
Strauch	○	Baum
Jährlich	○	Zweijährlich
Staude	○	Sämling

Datum

Gekeimt

Bepflanzt

Geerntet

Lichtstärke

Sonne

Teilweise Sonne

Schatten

Andere

Gestartet von

Samen

Pflanze

Bewertung

Größe ○○○○○

Farbe ○○○○○

Geschmack ○○○○○

Düngemittel und Ausrüstung

_____
_____
_____
_____
_____

Wasserbedarf

0% weniger ▭

Pflegehinweise

_____
_____
_____
_____
_____

Pflanzanleitung

_____
_____
_____
_____

Zusätzliche Hinweise

_____
_____
_____
_____
_____
_____
_____

Logbuch für die Gartenarbeit

| Name | | Standort | |

| Anbieter | | Preis | |

Wissenschaftliche Klasse

Gemüse	○	Obst	
Herb	○	Blume	
Strauch	○	Baum	
Jährlich	○	Zweijährlich	
Staude	○	Sämling	

Datum

- Gekeimt
- Bepflanzt
- Geerntet

Lichtstärke

- Sonne
- Teilweise Sonne
- Schatten
- Andere

Gestartet von

- Samen
- Pflanze

Bewertung

- Größe   ○○○○○
- Farbe   ○○○○○
- Geschmack ○○○○○

Düngemittel und Ausrüstung

_____
_____
_____
_____
_____

Wasserbedarf

0%
weniger

Pflegehinweise

_____
_____
_____
_____
_____

Pflanzanleitung

_____
_____
_____
_____
_____

Zusätzliche Hinweise

_____
_____
_____
_____
_____
_____

Logbuch für die Gartenarbeit

Name		Standort	
Anbieter		Preis	

Wissenschaftliche Klasse

Gemüse	○	Obst	
Herb	○	Blume	
Strauch	○	Baum	
Jährlich	○	Zweijährlich	
Staude	○	Sämling	

Datum		Lichtstärke	
Gekeimt		Sonne	
Bepflanzt		Teilweise Sonne	
Geerntet		Schatten	
		Andere	

Gestartet von		Bewertung	
Samen		Größe	○○○○○
Pflanze		Farbe	○○○○○
		Geschmack	○○○○○

Düngemittel und Ausrüstung

_____

_____

_____

_____

_____

Wasserbedarf

0%
weniger

Pflegehinweise

_____

_____

_____

_____

_____

Pflanzanleitung

_____

_____

_____

_____

_____

Zusätzliche Hinweise

_____

_____

_____

_____

_____

_____

_____

Logbuch für die Gartenarbeit

Name		Standort	

Anbieter		Preis	

Wissenschaftliche Klasse

Gemüse	○	Obst
Herb	○	Blume
Strauch	○	Baum
Jährlich	○	Zweijährlich
Staude	○	Sämling

Datum

Gekeimt

Bepflanzt

Geerntet

Lichtstärke

Sonne

Teilweise Sonne

Schatten

Andere

Gestartet von

Samen

Pflanze

Bewertung

Größe	○○○○○
Farbe	○○○○○
Geschmack	○○○○○

Düngemittel und Ausrüstung

_____
_____
_____
_____
_____

Wasserbedarf

0% weniger ☐

Pflegehinweise

_____
_____
_____
_____
_____

Pflanzanleitung

_____
_____
_____
_____
_____

Zusätzliche Hinweise

_____
_____
_____
_____
_____
_____

Logbuch für die Gartenarbeit

Name	Standort
Anbieter	Preis

Wissenschaftliche Klasse

Gemüse	○	Obst	
Herb	○	Blume	
Strauch	○	Baum	
Jährlich	○	Zweijährlich	
Staude	○	Sämling	

Datum

- Gekeimt
- Bepflanzt
- Geerntet

Lichtstärke

- Sonne
- Teilweise Sonne
- Schatten
- Andere

Gestartet von

- Samen
- Pflanze

Bewertung

- Größe   ○○○○○
- Farbe   ○○○○○
- Geschmack   ○○○○○

Düngemittel und Ausrüstung

_____
_____
_____
_____
_____

Wasserbedarf

0% weniger [_____]

Pflegehinweise

_____
_____
_____
_____
_____

Pflanzanleitung

_____
_____
_____
_____
_____

Zusätzliche Hinweise

_____
_____
_____
_____
_____
_____
_____

Logbuch für die Gartenarbeit

Name	Standort

Anbieter	Preis

Wissenschaftliche Klasse

Gemüse ○	Obst
Herb ○	Blume
Strauch ○	Baum
Jährlich ○	Zweijährlich
Staude ○	Sämling

Datum	Lichtstärke
Gekeimt	Sonne
Bepflanzt	Teilweise Sonne
	Schatten
Geerntet	Andere

Gestartet von	Bewertung	
Samen	Größe	○○○○○
Pflanze	Farbe	○○○○○
	Geschmack	○○○○○

Düngemittel und Ausrüstung

_____

_____

_____

_____

_____

Wasserbedarf

0% weniger ▭

Pflegehinweise

_____

_____

_____

_____

Pflanzanleitung

_____

_____

_____

_____

Zusätzliche Hinweise

_____

_____

_____

_____

_____

_____

Logbuch für die Gartenarbeit

Name	Standort
Anbieter	Preis

Wissenschaftliche Klasse

Gemüse	○	Obst
Herb	○	Blume
Strauch	○	Baum
Jährlich	○	Zweijährlich
Staude	○	Sämling

Datum

- Gekeimt
- Bepflanzt
- Geerntet

Lichtstärke

- Sonne
- Teilweise Sonne
- Schatten
- Andere

Gestartet von

- Samen
- Pflanze

Bewertung

Größe	○○○○○
Farbe	○○○○○
Geschmack	○○○○○

Düngemittel und Ausrüstung

_____
_____
_____
_____
_____

Wasserbedarf

0% weniger [_____]

Pflegehinweise

_____
_____
_____
_____

Pflanzanleitung

_____
_____
_____
_____

Zusätzliche Hinweise

_____
_____
_____
_____
_____
_____

Logbuch für die Gartenarbeit

Name	Standort

Anbieter	Preis

Wissenschaftliche Klasse

Gemüse	○	Obst
Herb	○	Blume
Strauch	○	Baum
Jährlich	○	Zweijährlich
Staude	○	Sämling

Datum	Lichtstärke
Gekeimt	Sonne
Bepflanzt	Teilweise Sonne
	Schatten
Geerntet	Andere

Gestartet von	Bewertung
Samen	Größe ○○○○○
Pflanze	Farbe ○○○○○
	Geschmack ○○○○○

Düngemittel und Ausrüstung

_____
_____
_____
_____
_____

Wasserbedarf

0% weniger □

Pflegehinweise

_____
_____
_____
_____

Pflanzanleitung

_____
_____
_____
_____

Zusätzliche Hinweise

_____
_____
_____
_____
_____
_____

Logbuch für die Gartenarbeit

Name		Standort	
Anbieter		Preis	

Wissenschaftliche Klasse

Gemüse	○	Obst
Herb	○	Blume
Strauch	○	Baum
Jährlich	○	Zweijährlich
Staude	○	Sämling

Datum

Gekeimt

Bepflanzt

Geerntet

Lichtstärke

Sonne

Teilweise Sonne

Schatten

Andere

Gestartet von

Samen

Pflanze

Bewertung

Größe	○○○○○
Farbe	○○○○○
Geschmack	○○○○○

Düngemittel und Ausrüstung

_____

_____

_____

_____

_____

Wasserbedarf

0% weniger

Pflegehinweise

_____

_____

_____

_____

Pflanzanleitung

_____

_____

_____

_____

Zusätzliche Hinweise

_____

_____

_____

_____

_____

_____

Logbuch für die Gartenarbeit

Name	Standort

Anbieter	Preis

Wissenschaftliche Klasse

Gemüse	○	Obst
Herb	○	Blume
Strauch	○	Baum
Jährlich	○	Zweijährlich
Staude	○	Sämling

Datum | Lichtstärke

Datum	Lichtstärke
Gekeimt	Sonne
Bepflanzt	Teilweise Sonne
Geerntet	Schatten
	Andere

Gestartet von | Bewertung

Gestartet von	Bewertung	
Samen	Größe	○○○○○
Pflanze	Farbe	○○○○○
	Geschmack	○○○○○

Düngemittel und Ausrüstung

_____
_____
_____
_____
_____

Wasserbedarf

0% weniger

Pflegehinweise

_____
_____
_____
_____

Pflanzanleitung

_____
_____
_____
_____

Zusätzliche Hinweise

_____
_____
_____
_____
_____
_____

Logbuch für die Gartenarbeit

Name	Standort

Anbieter	Preis

Wissenschaftliche Klasse

Gemüse	○	Obst
Herb	○	Blume
Strauch	○	Baum
Jährlich	○	Zweijährlich
Staude	○	Sämling

Datum	Lichtstärke
Gekeimt	Sonne
Bepflanzt	Teilweise Sonne
	Schatten
Geerntet	Andere

Gestartet von	Bewertung
Samen	Größe ○○○○○
Pflanze	Farbe ○○○○○
	Geschmack ○○○○○

Düngemittel und Ausrüstung

_____
_____
_____
_____
_____

Wasserbedarf

0%
weniger

Pflegehinweise

_____
_____
_____
_____

Pflanzanleitung

_____
_____
_____
_____

Zusätzliche Hinweise

_____
_____
_____
_____
_____
_____

Logbuch für die Gartenarbeit

Name		Standort	
Anbieter		**Preis**	

Wissenschaftliche Klasse

Gemüse	○	Obst
Herb	○	Blume
Strauch	○	Baum
Jährlich	○	Zweijährlich
Staude	○	Sämling

Datum

Gekeimt

Bepflanzt

Geerntet

Lichtstärke

Sonne

Teilweise Sonne

Schatten

Andere

Gestartet von

Samen

Pflanze

Bewertung

Größe	○○○○○
Farbe	○○○○○
Geschmack	○○○○○

Düngemittel und Ausrüstung

_____

_____

_____

_____

_____

Wasserbedarf

0% weniger

Pflegehinweise

_____

_____

_____

_____

Pflanzanleitung

_____

_____

_____

_____

Zusätzliche Hinweise

_____

_____

_____

_____

_____

_____

Logbuch für die Gartenarbeit

Name	Standort

Anbieter	Preis

Wissenschaftliche Klasse

Gemüse	○	Obst
Herb	○	Blume
Strauch	○	Baum
Jährlich	○	Zweijährlich
Staude	○	Sämling

Datum

Gekeimt

Bepflanzt

Geerntet

Lichtstärke

Sonne

Teilweise Sonne

Schatten

Andere

Gestartet von

Samen

Pflanze

Bewertung

Größe   ○○○○○

Farbe   ○○○○○

Geschmack   ○○○○○

Düngemittel und Ausrüstung

_____
_____
_____
_____
_____

Wasserbedarf

0% weniger ☐

Pflegehinweise

_____
_____
_____
_____

Pflanzanleitung

_____
_____
_____
_____

Zusätzliche Hinweise

_____
_____
_____
_____
_____
_____

Logbuch für die Gartenarbeit

Name	Standort

Anbieter	Preis

Wissenschaftliche Klasse

Gemüse	○	Obst
Herb	○	Blume
Strauch	○	Baum
Jährlich	○	Zweijährlich
Staude	○	Sämling

Datum	Lichtstärke
Gekeimt	Sonne
Bepflanzt	Teilweise Sonne
	Schatten
Geerntet	Andere

Gestartet von	Bewertung	
Samen	Größe	○○○○○
Pflanze	Farbe	○○○○○
	Geschmack	○○○○○

Düngemittel und Ausrüstung

_____
_____
_____
_____
_____

Wasserbedarf

0% weniger

Pflegehinweise

_____
_____
_____
_____

Pflanzanleitung

_____
_____
_____
_____

Zusätzliche Hinweise

_____
_____
_____
_____
_____
_____

Logbuch für die Gartenarbeit

Name	Standort
Anbieter	Preis

Wissenschaftliche Klasse

Gemüse	○	Obst
Herb	○	Blume
Strauch	○	Baum
Jährlich	○	Zweijährlich
Staude	○	Sämling

Datum | Lichtstärke

Datum	Lichtstärke
Gekeimt	Sonne
Bepflanzt	Teilweise Sonne
	Schatten
Geerntet	Andere

Gestartet von | Bewertung

Gestartet von	Bewertung	
Samen	Größe	○○○○○
Pflanze	Farbe	○○○○○
	Geschmack	○○○○○

Düngemittel und Ausrüstung

Wasserbedarf

0% weniger

Pflegehinweise

Pflanzanleitung

Zusätzliche Hinweise

Logbuch für die Gartenarbeit

Name	Standort

Anbieter	Preis

Wissenschaftliche Klasse

Gemüse	○	Obst
Herb	○	Blume
Strauch	○	Baum
Jährlich	○	Zweijährlich
Staude	○	Sämling

Datum | Lichtstärke

Datum	Lichtstärke
Gekeimt	Sonne
Bepflanzt	Teilweise Sonne
	Schatten
Geerntet	Andere

Gestartet von | Bewertung

Gestartet von	Bewertung	
Samen	Größe	○○○○○
Pflanze	Farbe	○○○○○
	Geschmack	○○○○○

Düngemittel und Ausrüstung

_____
_____
_____
_____
_____

Wasserbedarf

0% weniger [_____]

Pflegehinweise

_____
_____
_____
_____
_____

Pflanzanleitung

_____
_____
_____
_____

Zusätzliche Hinweise

_____
_____
_____
_____
_____
_____
_____

Logbuch für die Gartenarbeit

Name		Standort
Anbieter		**Preis**

Wissenschaftliche Klasse

Gemüse	○	Obst
Herb	○	Blume
Strauch	○	Baum
Jährlich	○	Zweijährlich
Staude	○	Sämling

Datum

- Gekeimt
- Bepflanzt
- Geerntet

Lichtstärke

- Sonne
- Teilweise Sonne
- Schatten
- Andere

Gestartet von

- Samen
- Pflanze

Bewertung

Größe	○○○○○
Farbe	○○○○○
Geschmack	○○○○○

Düngemittel und Ausrüstung

_____
_____
_____
_____
_____

Wasserbedarf

0% weniger ☐

Pflegehinweise

_____
_____
_____
_____
_____

Pflanzanleitung

_____
_____
_____
_____

Zusätzliche Hinweise

_____
_____
_____
_____
_____
_____

Logbuch für die Gartenarbeit

Name		Standort	
Anbieter		Preis	

Wissenschaftliche Klasse

Gemüse	○	Obst
Herb	○	Blume
Strauch	○	Baum
Jährlich	○	Zweijährlich
Staude	○	Sämling

Datum	Lichtstärke
Gekeimt	Sonne
Bepflanzt	Teilweise Sonne
	Schatten
Geerntet	Andere

Gestartet von	Bewertung	
Samen	Größe	○○○○○
Pflanze	Farbe	○○○○○
	Geschmack	○○○○○

Düngemittel und Ausrüstung

_____

_____

_____

_____

_____

Wasserbedarf

0%
weniger

Pflegehinweise

_____

_____

_____

_____

Pflanzanleitung

_____

_____

_____

_____

Zusätzliche Hinweise

_____

_____

_____

_____

_____

_____

Logbuch für die Gartenarbeit

Name	Standort
Anbieter	Preis

Wissenschaftliche Klasse

Gemüse	○	Obst	
Herb	○	Blume	
Strauch	○	Baum	
Jährlich	○	Zweijährlich	
Staude	○	Sämling	

Datum

Gekeimt

Bepflanzt

Geerntet

Lichtstärke

Sonne

Teilweise Sonne

Schatten

Andere

Gestartet von

Samen

Pflanze

Bewertung

Größe ○○○○○

Farbe ○○○○○

Geschmack ○○○○○

Düngemittel und Ausrüstung

_____

_____

_____

_____

_____

Wasserbedarf

0%
weniger

Pflegehinweise

_____

_____

_____

_____

Pflanzanleitung

_____

_____

_____

_____

Zusätzliche Hinweise

_____

_____

_____

_____

_____

_____

Logbuch für die Gartenarbeit

Name	Standort

Anbieter	Preis

Wissenschaftliche Klasse

Gemüse	○	Obst
Herb	○	Blume
Strauch	○	Baum
Jährlich	○	Zweijährlich
Staude	○	Sämling

Datum | Lichtstärke

Datum	Lichtstärke
Gekeimt	Sonne
Bepflanzt	Teilweise Sonne
Geerntet	Schatten
	Andere

Gestartet von | Bewertung

Gestartet von	Bewertung	
Samen	Größe	○○○○○
Pflanze	Farbe	○○○○○
	Geschmack	○○○○○

Düngemittel und Ausrüstung

_____

_____

_____

_____

Wasserbedarf

0% weniger ▭

Pflegehinweise

_____

_____

_____

_____

Pflanzanleitung

_____

_____

_____

_____

Zusätzliche Hinweise

_____

_____

_____

_____

_____

_____

Logbuch für die Gartenarbeit

Name	Standort

Anbieter	Preis

Wissenschaftliche Klasse

Gemüse	○	Obst
Herb	○	Blume
Strauch	○	Baum
Jährlich	○	Zweijährlich
Staude	○	Sämling

Datum	**Lichtstärke**
Gekeimt	Sonne
Bepflanzt	Teilweise Sonne
	Schatten
Geerntet	Andere

Gestartet von

Samen

Pflanze

Bewertung

Größe ○○○○○

Farbe ○○○○○

Geschmack ○○○○○

Düngemittel und Ausrüstung

Wasserbedarf

0%
weniger

Pflegehinweise

Pflanzanleitung

Zusätzliche Hinweise

Logbuch für die Gartenarbeit

Name	Standort
Anbieter	Preis

Wissenschaftliche Klasse

Gemüse	○	Obst
Herb	○	Blume
Strauch	○	Baum
Jährlich	○	Zweijährlich
Staude	○	Sämling

Datum

Gekeimt

Bepflanzt

Geerntet

Lichtstärke

Sonne

Teilweise Sonne

Schatten

Andere

Gestartet von

Samen

Pflanze

Bewertung

Größe	○○○○○
Farbe	○○○○○
Geschmack	○○○○○

Düngemittel und Ausrüstung

_____
_____
_____
_____
_____

Wasserbedarf

0% weniger [_____]

Pflegehinweise

_____
_____
_____
_____
_____

Pflanzanleitung

_____
_____
_____
_____
_____

Zusätzliche Hinweise

_____
_____
_____
_____
_____
_____

Logbuch für die Gartenarbeit

Name		Standort	

Anbieter		Preis	

Wissenschaftliche Klasse

Gemüse	○	Obst	
Herb	○	Blume	
Strauch	○	Baum	
Jährlich	○	Zweijährlich	
Staude	○	Sämling	

Datum

- Gekeimt
- Bepflanzt
- Geerntet

Lichtstärke

- Sonne
- Teilweise Sonne
- Schatten
- Andere

Gestartet von

- Samen
- Pflanze

Bewertung

Größe	○○○○○
Farbe	○○○○○
Geschmack	○○○○○

Düngemittel und Ausrüstung

_____

_____

_____

_____

_____

Wasserbedarf

0%
weniger

Pflegehinweise

_____

_____

_____

_____

Pflanzanleitung

_____

_____

_____

_____

Zusätzliche Hinweise

_____

_____

_____

_____

_____

_____

Logbuch für die Gartenarbeit

Name		Standort	
Anbieter		**Preis**	

Wissenschaftliche Klasse

Gemüse	○	Obst
Herb	○	Blume
Strauch	○	Baum
Jährlich	○	Zweijährlich
Staude	○	Sämling

Datum

Gekeimt

Bepflanzt

Geerntet

Lichtstärke

Sonne

Teilweise Sonne

Schatten

Andere

Gestartet von

Samen

Pflanze

Bewertung

Größe	○○○○○
Farbe	○○○○○
Geschmack	○○○○○

Düngemittel und Ausrüstung

_____

_____

_____

_____

_____

Wasserbedarf

0%
weniger ☐

Pflegehinweise

_____

_____

_____

_____

Pflanzanleitung

_____

_____

_____

_____

Zusätzliche Hinweise

_____

_____

_____

_____

_____

_____

Logbuch für die Gartenarbeit

Name	Standort

Anbieter	Preis

Wissenschaftliche Klasse

Gemüse	○	Obst
Herb	○	Blume
Strauch	○	Baum
Jährlich	○	Zweijährlich
Staude	○	Sämling

Datum

Gekeimt

Bepflanzt

Geerntet

Lichtstärke

Sonne

Teilweise Sonne

Schatten

Andere

Gestartet von

Samen

Pflanze

Bewertung

Größe ○○○○○

Farbe ○○○○○

Geschmack ○○○○○

Düngemittel und Ausrüstung

_____

_____

_____

_____

_____

Wasserbedarf

0% weniger ▭

Pflegehinweise

_____

_____

_____

_____

_____

Pflanzanleitung

_____

_____

_____

_____

_____

Zusätzliche Hinweise

_____

_____

_____

_____

_____

_____

_____

Logbuch für die Gartenarbeit

Name	Standort
Anbieter	Preis

Wissenschaftliche Klasse

Gemüse	○	Obst
Herb	○	Blume
Strauch	○	Baum
Jährlich	○	Zweijährlich
Staude	○	Sämling

Datum

- Gekeimt
- Bepflanzt
- Geerntet

Lichtstärke

- Sonne
- Teilweise Sonne
- Schatten
- Andere

Gestartet von

- Samen
- Pflanze

Bewertung

Größe	○○○○○
Farbe	○○○○○
Geschmack	○○○○○

Düngemittel und Ausrüstung

_____

_____

_____

_____

_____

Wasserbedarf

0%
weniger

Pflegehinweise

_____

_____

_____

_____

Pflanzanleitung

_____

_____

_____

_____

Zusätzliche Hinweise

_____

_____

_____

_____

_____

_____

Logbuch für die Gartenarbeit

Name	Standort

Anbieter	Preis

Wissenschaftliche Klasse

Gemüse	○	Obst
Herb	○	Blume
Strauch	○	Baum
Jährlich	○	Zweijährlich
Staude	○	Sämling

Datum	Lichtstärke
Gekeimt	Sonne
Bepflanzt	Teilweise Sonne
	Schatten
Geerntet	Andere

Gestartet von	Bewertung	
Samen	Größe	○○○○○
Pflanze	Farbe	○○○○○
	Geschmack	○○○○○

Düngemittel und Ausrüstung

_____

_____

_____

_____

_____

Wasserbedarf

0%
weniger ☐

Pflegehinweise

_____

_____

_____

_____

_____

Pflanzanleitung

_____

_____

_____

_____

_____

Zusätzliche Hinweise

_____

_____

_____

_____

_____

_____

_____

Logbuch für die Gartenarbeit

Name	Standort
Anbieter	Preis

Wissenschaftliche Klasse

Gemüse	○	Obst
Herb	○	Blume
Strauch	○	Baum
Jährlich	○	Zweijährlich
Staude	○	Sämling

Datum　　　　　　**Lichtstärke**

Gekeimt　　　　　　　Sonne

Bepflanzt　　　　　　Teilweise Sonne

　　　　　　　　　　　Schatten

Geerntet　　　　　　　Andere

Gestartet von　　　**Bewertung**

Samen　　　　　Größe　　○○○○○

Pflanze　　　　　Farbe　　○○○○○

　　　　　　　　Geschmack ○○○○○

Düngemittel und Ausrüstung

_____

_____

_____

_____

_____

Wasserbedarf

0% weniger ☐

Pflegehinweise

_____

_____

_____

_____

_____

Pflanzanleitung

_____

_____

_____

_____

Zusätzliche Hinweise

_____

_____

_____

_____

_____

_____

_____

Logbuch für die Gartenarbeit

Name	Standort

Anbieter	Preis

Wissenschaftliche Klasse

Gemüse	○	Obst
Herb	○	Blume
Strauch	○	Baum
Jährlich	○	Zweijährlich
Staude	○	Sämling

Datum | Lichtstärke

Datum	Lichtstärke
Gekeimt	Sonne
Bepflanzt	Teilweise Sonne
	Schatten
Geerntet	Andere

Gestartet von | Bewertung

Gestartet von	Bewertung	
Samen	Größe	○○○○○
Pflanze	Farbe	○○○○○
	Geschmack	○○○○○

Düngemittel und Ausrüstung

_____

_____

_____

_____

_____

Wasserbedarf

0% weniger

Pflegehinweise

_____

_____

_____

_____

Pflanzanleitung

_____

_____

_____

_____

Zusätzliche Hinweise

_____

_____

_____

_____

_____

_____

Logbuch für die Gartenarbeit

Name		Standort	
Anbieter		**Preis**	

Wissenschaftliche Klasse

Gemüse	○	Obst	
Herb	○	Blume	
Strauch	○	Baum	
Jährlich	○	Zweijährlich	
Staude	○	Sämling	

Datum

- Gekeimt
- Bepflanzt
- Geerntet

Lichtstärke

- Sonne
- Teilweise Sonne
- Schatten
- Andere

Gestartet von

- Samen
- Pflanze

Bewertung

- Größe ○○○○○
- Farbe ○○○○○
- Geschmack ○○○○○

Düngemittel und Ausrüstung

___

___

___

___

___

Wasserbedarf

0%
weniger

Pflegehinweise

___

___

___

___

Pflanzanleitung

___

___

___

___

Zusätzliche Hinweise

___

___

___

___

___

___

Logbuch für die Gartenarbeit

Name	Standort

Anbieter	Preis

Wissenschaftliche Klasse

Gemüse	○	Obst
Herb	○	Blume
Strauch	○	Baum
Jährlich	○	Zweijährlich
Staude	○	Sämling

Datum	Lichtstärke
Gekeimt	Sonne
Bepflanzt	Teilweise Sonne
Geerntet	Schatten
	Andere

Gestartet von

Samen

Pflanze

Bewertung

Größe	○○○○○
Farbe	○○○○○
Geschmack	○○○○○

Düngemittel und Ausrüstung

_____
_____
_____
_____
_____

Wasserbedarf

0%
weniger [_____]

Pflegehinweise

_____
_____
_____
_____

Pflanzanleitung

_____
_____
_____
_____

Zusätzliche Hinweise

_____
_____
_____
_____
_____
_____

Logbuch für die Gartenarbeit

Name	Standort
Anbieter	Preis

Wissenschaftliche Klasse

Gemüse	◯	Obst
Herb	◯	Blume
Strauch	◯	Baum
Jährlich	◯	Zweijährlich
Staude	◯	Sämling

Datum

Gekeimt

Bepflanzt

Geerntet

Lichtstärke

Sonne

Teilweise Sonne

Schatten

Andere

Gestartet von

Samen

Pflanze

Bewertung

Größe	◯◯◯◯◯
Farbe	◯◯◯◯◯
Geschmack	◯◯◯◯◯

Düngemittel und Ausrüstung

_____
_____
_____
_____
_____

Wasserbedarf

0% weniger ☐

Pflegehinweise

_____
_____
_____
_____
_____

Pflanzanleitung

_____
_____
_____
_____

Zusätzliche Hinweise

_____
_____
_____
_____
_____
_____
_____

Logbuch für die Gartenarbeit

Name	Standort
Anbieter	Preis

Wissenschaftliche Klasse

Gemüse	○	Obst
Herb	○	Blume
Strauch	○	Baum
Jährlich	○	Zweijährlich
Staude	○	Sämling

Datum

- Gekeimt
- Bepflanzt
- Geerntet

Lichtstärke

- Sonne
- Teilweise Sonne
- Schatten
- Andere

Gestartet von

- Samen
- Pflanze

Bewertung

- Größe ○○○○○
- Farbe ○○○○○
- Geschmack ○○○○○

Düngemittel und Ausrüstung

_____

_____

_____

_____

_____

Wasserbedarf

0% weniger [_____]

Pflegehinweise

_____

_____

_____

_____

Pflanzanleitung

_____

_____

_____

_____

Zusätzliche Hinweise

_____

_____

_____

_____

_____

_____

_____

Logbuch für die Gartenarbeit

Name	Standort

Anbieter	Preis

Wissenschaftliche Klasse

Gemüse	○	Obst
Herb	○	Blume
Strauch	○	Baum
Jährlich	○	Zweijährlich
Staude	○	Sämling

Datum	Lichtstärke
Gekeimt	Sonne
Bepflanzt	Teilweise Sonne
Geerntet	Schatten
	Andere

Gestartet von | Bewertung

Gestartet von	Bewertung	
Samen	Größe	○○○○○
Pflanze	Farbe	○○○○○
	Geschmack	○○○○○

Düngemittel und Ausrüstung

_____

_____

_____

_____

_____

Wasserbedarf

0% weniger ☐

Pflegehinweise

_____

_____

_____

_____

_____

Pflanzanleitung

_____

_____

_____

_____

_____

Zusätzliche Hinweise

_____

_____

_____

_____

_____

_____

Logbuch für die Gartenarbeit

Name		Standort	

Anbieter		Preis	

Wissenschaftliche Klasse

Gemüse	○	Obst	
Herb	○	Blume	
Strauch	○	Baum	
Jährlich	○	Zweijährlich	
Staude	○	Sämling	

Datum	Lichtstärke
Gekeimt	Sonne
Bepflanzt	Teilweise Sonne
	Schatten
Geerntet	Andere

Gestartet von	Bewertung	
Samen	Größe	○○○○○
Pflanze	Farbe	○○○○○
	Geschmack	○○○○○

Düngemittel und Ausrüstung

_____
_____
_____
_____
_____

Wasserbedarf

0% weniger ☐

Pflegehinweise

_____
_____
_____
_____
_____

Pflanzanleitung

_____
_____
_____
_____
_____

Zusätzliche Hinweise

_____
_____
_____
_____
_____
_____

Logbuch für die Gartenarbeit

Name		Standort	

Anbieter		Preis	

Wissenschaftliche Klasse

Gemüse	○	Obst	
Herb	○	Blume	
Strauch	○	Baum	
Jährlich	○	Zweijährlich	
Staude	○	Sämling	

Datum | Lichtstärke

Gekeimt		Sonne
Bepflanzt		Teilweise Sonne
Geerntet		Schatten
		Andere

Gestartet von | Bewertung

Samen		Größe	○○○○○
Pflanze		Farbe	○○○○○
		Geschmack	○○○○○

Düngemittel und Ausrüstung

_____

_____

_____

_____

_____

Wasserbedarf

0%
weniger

Pflegehinweise

_____

_____

_____

_____

Pflanzanleitung

_____

_____

_____

_____

Zusätzliche Hinweise

_____

_____

_____

_____

_____

_____

Logbuch für die Gartenarbeit

Name	Standort

Anbieter	Preis

Wissenschaftliche Klasse

Gemüse	○	Obst
Herb	○	Blume
Strauch	○	Baum
Jährlich	○	Zweijährlich
Staude	○	Sämling

Datum

Gekeimt _____

Bepflanzt _____

Geerntet _____

Lichtstärke

Sonne

Teilweise Sonne

Schatten

Andere

Gestartet von

Samen _____

Pflanze _____

_____

Bewertung

Größe ○○○○○

Farbe ○○○○○

Geschmack ○○○○○

Düngemittel und Ausrüstung

_____
_____
_____
_____
_____

Wasserbedarf

0% weniger ▭

Pflegehinweise

_____
_____
_____
_____

Pflanzanleitung

_____
_____
_____
_____

Zusätzliche Hinweise

_____
_____
_____
_____
_____
_____

Logbuch für die Gartenarbeit

Name	Standort

Anbieter	Preis

Wissenschaftliche Klasse

Gemüse	○	Obst
Herb	○	Blume
Strauch	○	Baum
Jährlich	○	Zweijährlich
Staude	○	Sämling

Datum	Lichtstärke
Gekeimt	Sonne
Bepflanzt	Teilweise Sonne
	Schatten
Geerntet	Andere

Gestartet von	Bewertung	
Samen	Größe	○○○○○
Pflanze	Farbe	○○○○○
	Geschmack	○○○○○

Düngemittel und Ausrüstung

_____
_____
_____
_____
_____

Wasserbedarf

0% weniger [   ]

Pflegehinweise

_____
_____
_____
_____
_____

Pflanzanleitung

_____
_____
_____
_____
_____

Zusätzliche Hinweise

_____
_____
_____
_____
_____
_____
_____

www.ingramcontent.com/pod-product-compliance
Lightning Source LLC
LaVergne TN
LVHW012119070526
838202LV00056B/5792

Düngemittel und Ausrüstung

_____
_____
_____
_____
_____

Wasserbedarf

0% weniger ☐

Pflegehinweise

_____
_____
_____
_____
_____

Pflanzanleitung

_____
_____
_____
_____
_____

Zusätzliche Hinweise

_____
_____
_____
_____
_____
_____
_____

Logbuch für die Gartenarbeit

Name		Standort	
Anbieter		Preis	

Wissenschaftliche Klasse

Gemüse	○	Obst	
Herb	○	Blume	
Strauch	○	Baum	
Jährlich	○	Zweijährlich	
Staude	○	Sämling	

Datum		Lichtstärke	
Gekeimt		Sonne	
Bepflanzt		Teilweise Sonne	
		Schatten	
Geerntet		Andere	

Gestartet von

Samen

Pflanze

Bewertung

Größe	○○○○○
Farbe	○○○○○
Geschmack	○○○○○

Düngemittel und Ausrüstung

_____

_____

_____

_____

_____

Wasserbedarf

0% weniger ▭

Pflegehinweise

_____

_____

_____

_____

Pflanzanleitung

_____

_____

_____

_____

Zusätzliche Hinweise

_____

_____

_____

_____

_____

_____

Logbuch für die Gartenarbeit

Name	Standort

Anbieter	Preis

Wissenschaftliche Klasse

Gemüse	○	Obst
Herb	○	Blume
Strauch	○	Baum
Jährlich	○	Zweijährlich
Staude	○	Sämling

Datum	Lichtstärke
Gekeimt	Sonne
Bepflanzt	Teilweise Sonne
Geerntet	Schatten
	Andere

Gestartet von	Bewertung
Samen	Größe ○○○○○
Pflanze	Farbe ○○○○○
	Geschmack ○○○○○

Düngemittel und Ausrüstung

_____
_____
_____
_____
_____

Wasserbedarf

0% weniger ☐

Pflegehinweise

_____
_____
_____
_____
_____

Pflanzanleitung

_____
_____
_____
_____

Zusätzliche Hinweise

_____
_____
_____
_____
_____
_____

Logbuch für die Gartenarbeit

Name		Standort	

Anbieter		Preis	

Wissenschaftliche Klasse

Gemüse	○	Obst
Herb	○	Blume
Strauch	○	Baum
Jährlich	○	Zweijährlich
Staude	○	Sämling

Datum

- Gekeimt
- Bepflanzt
- Geerntet

Lichtstärke

- Sonne
- Teilweise Sonne
- Schatten
- Andere

Gestartet von

- Samen
- Pflanze

Bewertung

Größe	○○○○○
Farbe	○○○○○
Geschmack	○○○○○